NATIONAL GEOGRAPHIC

# Peldaños

## Misterios de la Luna

# El misterio del Robacalcetinnes

por Renee Biermann • ilustraciones de Laura Perez

NARRADOR 1

NARRADOR 2

**ANDRE**
campista varón

**TYLER**
campista varón

**LUCÍA**
campista mujer

**GRACE**
campista mujer

**EMMA**
consejera del campamento

**JASPER**
consejero del campamento

**WES**
consejero del campamento

2

# INTRODUCCIÓN

[**ESCENARIO** *La obra de teatro tiene lugar en el campamento de verano Black Lake. El NARRADOR 1 y el NARRADOR 2 entran y le hablan al público. Ambos muestran entusiasmo*].

**NARRADOR 1:** ¡Bienvenidos al campamento de verano Black Lake!

**NARRADOR 2:** Este verano, sucedió algo sorprendente que nunca antes había pasado.

**NARRADOR 1:** Alguien resolvió un misterio muy oscuro.

**NARRADOR 2:** ¿Qué misterio?, se preguntarán. Un misterio muy oscuro de un hurto.

**NARRADOR 1** y **NARRADOR 2:** [*Se miran y luego dicen al unísono*] ¡El misterio del Robacalcetines!

**NARRADOR 1:** ¿Qué es un Robacalcetines?, se preguntarán.

**NARRADOR 2:** Un Robacalcetines es una persona sigilosa que hurta calcetines.

**NARRADOR 1:** ¿Por qué alguien hurtaría calcetines?

**NARRADOR 2:** ¡Los calcetines se hurtan por DIVERSIÓN! Todos los años, un consejero del campamento de verano Black Lake hurta calcetines de los campistas.

**NARRADOR 1:** Por muchos años, nadie supo quién era el Robacalcetines.

**NARRADOR 2:** Los campistas nunca sabían cuándo iba a atacar el Robacalcetines, así que había una competencia anual para ver quién lo descubría.

**NARRADOR 1:** Sin embargo, todo eso cambió este año, cuando cierta pista arrojó luz sobre el misterio... ¡pero sin iluminar!

**NARRADOR 2:** Veamos cómo comenzó todo...

# ACTO 1

[**ESCENARIO** *En el campamento Black Lake, EMMA, JASPER y WES están de pie delante de los campistas. ANDRE, LUCÍA, GRACE y TYLER están sentados cerca y escuchan con interés*].

**JASPER:** ¡Escuchen con atención, campistas! Es hora de la competencia anual de hurto de calcetines.

**EMMA:** [*bromea*] No sé, chicos. Hemos visto bastantes calcetines que se izan por el asta de la bandera estos años.

**WES:** Así es, campistas. En cierto momento de su estadía de dos semanas, uno de nosotros hurtará sus calcetines y los izará por el asta de la bandera. Es su trabajo descubrir cuándo sucederá esto.

**JASPER:** Si resuelven el misterio, ganarán un premio especial.

**EMMA:** Ha habido Robacalcetines en este campamento durante 10 años, pero nadie lo ha descubierto. ¿Podrán hacerlo?

**JASPER:** [*se señala a sí mismo*] ¿Hurtaré el lunes?

**WES:** [*se señala a sí mismo*] ¿Hurtaré el martes?

**EMMA:** [*se señala a sí misma*] ¿Hurtaré el miércoles?

**JASPER:** Buena suerte, campistas. Espero que en algún momento uno de ustedes pueda resolver este misterio oscuro. Mientras tanto, ¡vamos a nadar!

[JASPER *y* WES *salen de escena.* ANDRE, TYLER, *y* GRACE *parecen entusiasmados por ir a nadar y se levantan para caminar hacia la playa.* LUCÍA *mira enigmáticamente a* EMMA. EMMA *ha dejado de fingir que se ata el zapato.* LUCÍA *se esconde detrás de un arbusto para observar a* EMMA. *El* NARRADOR 1 *y el* NARRADOR 2 *entran. Se quedan de pie en el borde del escenario para dirigirse al público*].

**NARRADOR 1:** Lucía vio a Emma inclinarse para atarse el zapato, pero ya estaba atado.

**NARRADOR 2:** ¿Qué hacía Emma? ¡Lucía quería descubrirlo!

**NARRADOR 1:** Los amigos de Lucía fueron a la playa, pero ella esperó detrás de un arbusto para ver qué haría Emma a continuación.

**NARRADOR 2:** [*mira al NARRADOR 1*] Lucía es muy astuta.

**NARRADOR 1:** [*mira al NARRADOR 2 y asiente con la cabeza*] Sí, muy astuta.

7

[EMMA se pone de pie. Saca un papel doblado de su bolsillo y lo lee].

**EMMA:** [*habla con sí misma*] Mmm… ¡Eso es!

[LUCÍA *parece confundida. Todavía observa desde detrás del arbusto.* EMMA *quiere meter el papel de vuelta en su bolsillo, pero se le cae. Cuando* EMMA *se va caminando,* LUCÍA *sale corriendo y toma el papel*].

**NARRADOR 1:** Lucía no sabía qué había en ese papel, pero creyó que podía ser una pista.

**NARRADOR 2:** Tenía razón.

**LUCÍA:** [*se habla a sí misma*] ¡Muy engañoso!

[LUCÍA *parece contenta y corre para reunirse con sus amigos en la playa*].

# ACTO 2

[**ESCENARIO** Más tarde, esa noche, los campistas se han reunido a hablar].

**GRACE:** Realmente quiero ganar la competencia del Robacalcetines, pero no sé dónde atacará el ladrón.

**ANDRE:** Siento lo mismo. Todos los años intento descubrirlo, pero siempre me equivoco.

**TYLER:** Seguro que ocurrirá en algún momento de la semana que viene. Eso supongo.

**LUCÍA:** [*confiada*] Sé cuándo atacará el Robacalcetines.

**GRACE:** ¿Qué crees?

**LUCÍA:** No es que crea, lo he descubierto. Sé cuándo ocurrirá.

**TYLER:** [*dubitativo*] ¿Ah, sí, Lucía? ¿Cuándo?

**LUCÍA:** Ocurrirá esta noche.

9

[TYLER, ANDRE y GRACE
*parecen sorprendidos*]

**TYLER:** ¿Esta noche?

**LUCÍA:** Sí, esta noche, ¡y será Emma!

**ANDRE:** ¡No me digas!

**GRACE:** ¿Cómo lo sabes?

**LUCÍA:** Les daré una pequeña pista. Tiene que ver con
algo que **"crece"**.

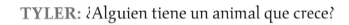

**TYLER:** ¿Alguien tiene un animal que crece?

**ANDRE:** ¿Alguien tiene una planta que crece?

**LUCÍA:** [se ríe] No. Aquí va otra pista. Tiene que ver con algo que **"mengua".**

**GRACE:** ¿Dijiste "lengua"? ¿A alguien le duele la lengua?

**LUCÍA:** [le sonríe a GRACE] No, tonta. Dije: "MENGUA".

[GRACE, TYLER y ANDRE parecen totalmente confundidos].

**LUCÍA:** Piensen detenidamente en ello. Tiene que haber algún tipo de patrón que el Robacalcetines sigue.

**TYLER:** Entonces, ¿el Robacalcetines hace lo mismo todos los años?

**ANDRE:** Sí, tiene que haber un patrón.

**GRACE:** [enojada] Sigo sin saber qué tiene que ver esto con la lengua, ¡si a nadie la pasa nada en la lengua!

**LUCÍA:** [divertida] Oh, Grace, no hablo de la lengua. Vamos. Les mostraré.

# ACTO 3

[**ESCENARIO** *Sendero cerca del asta de la bandera.* GRACE, LUCÍA, ANDRE *y* TYLER *se esconden detrás de los arbustos y esperan a* EMMA. *Están apretados y todos miran a hurtadillas el sendero*].

**GRACE:** ¿Por qué estamos escondidos en los arbustos?

**LUCÍA:** Vamos a atrapar a Emma, la Robacalcetines.

**ANDRE:** ¿Estás segura de que vendrá?

**TYLER:** [*frustrado*] ¡Shhh! No queremos que nos oigan.

[TYLER *se acerca al grupo y se para sobre el pie de* GRACE].

**GRACE:** ¡Ay, Tyler, estás parado sobre mi pie!

**TYLER:** ¡Perdón, Grace!

**ANDRE:** ¡Silencio!

**GRACE:** Está muy oscuro afuera. Estoy asustada.

**ANDRE:** No temas, Grace. Estamos todos juntos, estarás bien.

**GRACE:** Todavía no sé por qué estamos aquí. Volvamos a la fogata.

**TYLER:** No. Tenemos que ver si Lucía tenía razón. ¡Shhh!

[EMMA *camina en silencio por el sendero hasta el asta de la bandera con los brazos llenos de calcetines*].

**LUCÍA:** ¡Les dije! Aquí viene. Sorprendámosla.

**ANDRE:** Salgamos a la cuenta de tres.

Uno... dos... ¡tres!

[LUCÍA, GRACE, TYLER y ANDRE *salen de detrás de los arbustos. Encienden sus linternas e iluminan a* EMMA *con ellas*].

**LUCÍA:** ¡Te atrapamos, Robacalcetines!

**TYLER:** ¡SORPRESA!

**ANDRE:** ¡SORPRESA!

**GRACE:** ¡SORPRESA!

[EMMA *salta de la sorpresa y los calcetines salen volando de sus manos*].

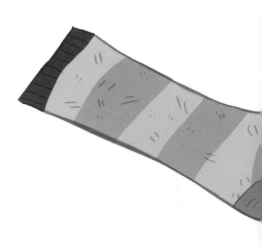

**EMMA:** [*sorprendida*] ¡Oh! [*se ríe*] ¡Finalmente me descubrieron!

[*Todos se ríen. LUCÍA, GRACE, TYLER y ANDRE ayudan a EMMA a recoger los calcetines*].

**EMMA:** ¿Quién me descubrió?

**ANDRE:** Lucía.

**GRACE:** Sigo sin entender qué tiene que ver esto con "crece" o "lengua"... digo, "mengua".

**LUCÍA:** Esas pistas eran sobre el calendario **lunar.** La Luna tiene **fases,** y puede ser creciente o menguante.

**TYLER:** Pero esta noche es **Luna nueva,** ¡así que no podemos verla!

**LUCÍA:** Lo sé. Por eso supe que esta noche sería la noche en que el Robacalcetines atacaría. Cuando hay Luna nueva, está muy oscuro afuera.

**GRACE:** ¡Ahora entiendo! El Robacalcetines ataca cuando hay Luna nueva, ¡así nadie lo ve!

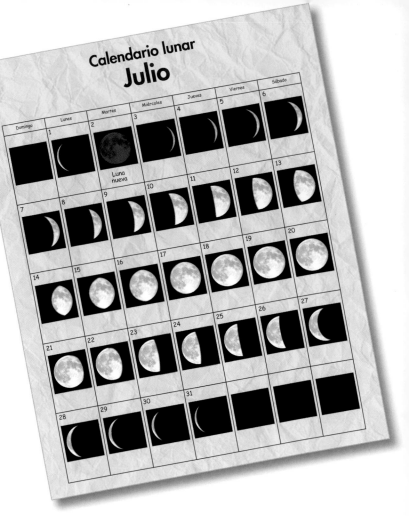

**LUCÍA:** ¡Exactamente! Vi que a Emma se le cayó este papel hoy.

[LUCÍA *saca un papel y lo abre. Es el calendario lunar de julio*].

**LUCÍA:** Hoy hay Luna nueva. [*señala la Luna nueva en el calendario*] Sabía que Emma estaría junto al asta de la bandera esta noche, pues iba a estar muy oscuro.

**EMMA:** Estoy tan orgullosa de ti, Lucía. ¡Muy buen trabajo! ¡Ganas el premio!

[EMMA *saca una bandera especial colorida de su bolsillo. Saca un marcador y escribe "LUCÍA" en la bandera. Luego iza la bandera por el asta*].

[JASPER *y* WES *vienen corriendo hasta el asta de la bandera*].

**JASPER:** [*preocupado*] ¿Por qué todo este alboroto?

**WES:** [*ansioso*] ¡Los oímos gritar!

**EMMA:** Todos están bien. ¡Lucía me atrapó mientras me escabullía por aquí con los calcetines!

[*Todos ovacionan.*]

[*El* NARRADOR 1 *y el* NARRADOR 2 *entran*].

**NARRADOR 1:** Y así se resolvió el misterio del Robacalcetines en el campamento de verano Black Lake.

**NARRADOR 2:** Fin.

[*El* NARRADOR 1 *y el* NARRADOR 2 *hacen una reverencia*].

**Compruébalo**   ¿Cómo resuelve el misterio Lucía?

# OBSERVAR LA LUNA

por Nate George

## La Luna, la Tierra y el Sol

La Luna es una **esfera,** o bola, que **rota,** o se mueve, constantemente alrededor de la Tierra. A la Luna le toma aproximadamente un mes realizar un recorrido completo alrededor de la Tierra. Al igual que la Luna rota alrededor de la Tierra, tanto la Tierra como la Luna rotan alrededor del Sol.

La Luna quizá se vea brillante, pero no emite su propia luz. Refleja la luz del Sol. La "luz de Luna" es luz solar que rebota en la Luna.

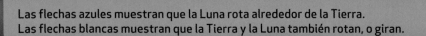

Las flechas azules muestran que la Luna rota alrededor de la Tierra.
Las flechas blancas muestran que la Tierra y la Luna también rotan, o giran.

La **Luna llena** se produce cuando la Tierra está entre el Sol y la Luna.
Durante la Luna llena, se puede ver toda la mitad de la Luna iluminada por el
Sol. Si estás de frente a una Luna llena, ¿dónde estará el Sol?

La **Luna nueva** se produce cuando la Luna está entre el Sol y la Tierra.
Durante la Luna nueva, no se puede ver nada de la mitad de la Luna
iluminada por el Sol.

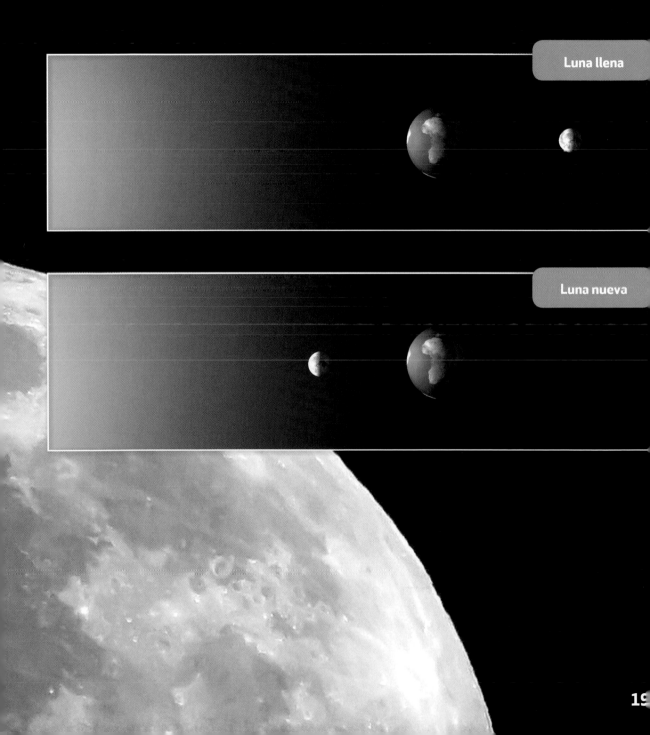

Luna llena

Luna nueva

# Fases de la Luna

Se puede decir que la Luna parece un círculo, un semicírculo o incluso una banana, y cada descripción sería correcta. ¿Por qué? Con el tiempo, la forma de la Luna parece cambiar. Cada forma es una **fase** de la Luna.

El Sol ilumina la mitad de la Luna que está frente a él. A medida que la Luna rota alrededor de la Tierra, se ven diferentes partes de la mitad iluminada por el Sol. Si la ves entera, es una Luna llena. Si solo ves una parte, puede ser una Luna creciente, Luna en cuarto creciente o Luna gibosa creciente. Si no ves nada, esa es una Luna nueva.

Las fases cambian según un patrón. Cuando la Luna es **creciente,** se ve más de la mitad iluminada por el Sol. Cuando la Luna es **menguante,** ves menos de ella. El tiempo desde una Luna nueva hasta la siguiente Luna nueva es aproximadamente un mes.

## Fases de la Luna

Creciente

Luna nueva · Luna creciente · Luna en cuarto creciente · Luna gibosa creciente

## ¿Por qué Luna en cuarto creciente?

Durante la fase de Luna en cuarto creciente, la Luna parece un semicírculo. Por lo tanto, quizá te preguntes por qué esta fase se llama *Luna en cuarto creciente*. Recuerda, la Luna rota alrededor de la Tierra. Cuando se ve la Luna en esta fase, ha completado un cuarto de su recorrido alrededor de la Tierra. Por eso esta fase se llama *Luna en cuarto creciente*.

La Luna unas veces se ve durante el día y otras veces de noche.

Luna llena          Menguante          Luna gibosa menguante          Luna en cuarto menguante | Luna creciente

# Eclipses lunares

Un **eclipse lunar** se produce cuando la sombra de la Tierra se proyecta en la Luna. Recuerda, la Luna llena se produce cuando la Tierra está entre el Sol y la Luna. Las Lunas llenas generalmente están un poco por encima o debajo de la sombra de la Tierra. Pero a veces, la Luna llena puede estar directamente alineada con la Tierra y el Sol. La Luna queda a la sombra de la Tierra. Esto produce un eclipse lunar. Usa el diagrama para observar qué sucede durante un eclipse lunar.

La Luna no desaparece de la vista durante un eclipse lunar. En cambio, su color cambia de un gris polvoriento a un rojo oscuro.

Un eclipse lunar total se produce cuando la sombra de la Tierra se proyecta en toda la mitad de la Luna iluminada por el Sol. Un eclipse lunar parcial se produce cuando la sombra de la Tierra se proyecta solo en una parte de ella.

En este diagrama vemos hacia "abajo", como si estuviéramos sobre el Polo Norte. Une las letras del diagrama con las fotos de la Luna que están abajo. Observa cómo la sombra de la Tierra cubre la Luna en cada foto. Observa que la Luna no está completamente oscura durante un eclipse. Su color cambia de gris a rojo.

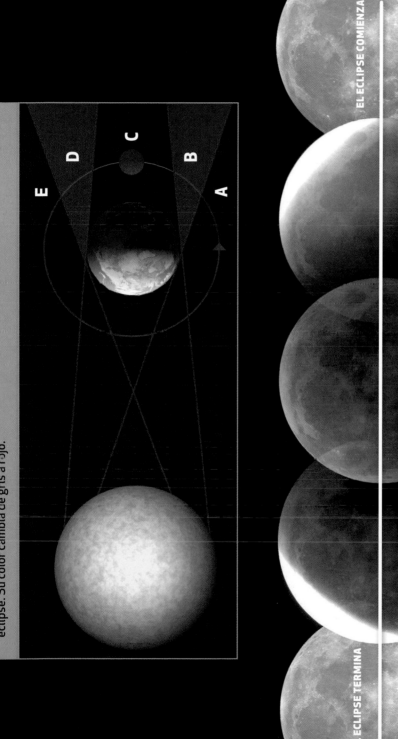

E    D    C    B    A

**A** EL ECLIPSE COMIENZA

**B**

**C**

**D**

**E** EL ECLIPSE TERMINA

---

**Compruébalo**   ¿En qué se diferencia un eclipse lunar de una fase de la Luna?

# El perro de fuego que muerde la Luna

relato de Michael Murphy
ilustraciones de Ryan Durney

Por generaciones, los cuentos populares se han usado para explicar cosas que no se comprendían sobre la Luna. Unos cuentos explican por qué la luna **crece** y **mengua** durante sus **fases.** Otros explican por qué la **Luna nueva** se ve tan oscura. Este cuento coreano es una manera de explicar un eclipse lunar parcial.

Hace mucho, había un país subterráneo de **cavernas** llamado Gamag Nara, la Tierra de la Oscuridad. La única luz que había en estas cavernas era la luz del fuego. Para mantener las fogatas encendidas, se confiaba en enormes Perros de Fuego. Estos fuertes perros llevaban palitos y troncos a las fogatas.

El rey se preocupaba porque, incluso con las fogatas, su país cavernoso era demasiado oscuro. Oyó cuentos sobre grandes luces en el cielo, el Sol y la Luna. Se preguntó, ¿un Perro de Fuego podrá capturar una de esas luces para la Tierra de la Oscuridad?

El rey **convocó** al Perro de Fuego más feroz de su guarida. Le ordenó al perro saltar al cielo, **apoderarse** del Sol y traerlo de vuelta a la Tierra de la Oscuridad. Entonces, el perro corrió por las cavernas hasta que llegó a la salida de la Tierra de la Oscuridad. Allí, la luz que venía de arriba se filtraba por una abertura enorme.

Entonces, el Perro de Fuego más feroz realizó un salto gigantesco. Voló cada vez más alto en el cielo. Se acercaba cada vez más al Sol. Pero entonces, quién lo iba a decir, el Perro de Fuego más feroz no pudo llegar más lejos. Aunque hizo lo que pudo, no podía acercarse lo suficiente al Sol para robarlo; estaba muy caliente. Así que el Perro de Fuego más feroz tuvo que regresar a las cavernas de la Tierra de la Oscuridad sin la luz que el rey quería.

El rey no se rindió. Sabía que la Luna no traería tanta luz como el Sol, pero decidió que la luz de la Luna sería mejor que únicamente la luz de fogata. Por lo tanto, convocó al siguiente Perro de Fuego más feroz de su guarida, le ordenó que saltara al cielo, se apoderara de la Luna y la trajera de vuelta a la Tierra de la Oscuridad.

Así que el segundo Perro de Fuego más feroz realizó un salto gigantesco. Voló cada vez más alto en el cielo. Se acercaba cada vez más a la Luna. Entonces, quién lo iba a decir, ¡llegó a la Luna!

Pero, desafortunadamente, cuando el segundo Perro de Fuego más feroz del rey intentó morder la Luna, ¡se le congeló la boca! Aún así, el Perro de Fuego era **tenaz.** No se dio por vencido. Mordió la Luna una y otra vez. Cada vez, tragaba un poco más de la Luna.

Pero al final, el Perro de Fuego tuvo que escupir la Luna. Y así, el segundo Perro de Fuego más feroz tuvo que regresar a las cavernas de la Tierra de la Oscuridad sin la luz que el rey quería.

Aunque los Perros de Fuego no habían podido apoderarse de ninguna luz, el rey no abandonó sus esperanzas. El rey continuó enviando al segundo Perro de Fuego más feroz al firmamento para que robara la Luna y trajera su luz a su reino cavernoso.

Desafortunadamente, el tenaz Perro de Fuego nunca pudo completar su tarea. Siempre tenía que escupir la Luna helada, y así la Tierra de la Oscuridad permaneció tan oscura como siempre, y el rey nunca obtuvo la luz que quería.

Desde entonces, se ha contado el cuento del Perro de Fuego que mordió la Luna. Dicen que la parte de la Luna que se ve oscura durante un eclipse lunar es la mordida del tenaz Perro de Fuego.

**Compruébalo** ¿Cómo explica este cuento popular un eclipse lunar parcial?

31

## Comenta    Estructura del texto y conceptos

**1.** Explica las diferencias entre una obra de teatro y un cuento.

   ¿Qué elementos tiene una obra de teatro que no tiene un cuento?

**2.** ¿Cómo ayudan las imágenes del cuento popular a contar el cuento?

**3.** ¿Qué sucede cuando hay Luna llena? Explica.

**4.** ¿Qué sucede cuando hay Luna nueva? Explica.

**5.** ¿Qué preguntas sigues teniendo sobre las fases de la Luna y los eclipses? ¿Qué más te gustaría saber?